Un câlin

Malika Doray

éditions MeMo

Un câlin parce qu'on se sépare.

Un câlin…

parce qu'on se retrouve !

Un câlin…

parce qu'on a un chagrin.

Un câlin…

parce qu'on est tombé
(et qu'on s'est fait mal).

Un câlin…

parce que
c'est mieux que de crier !

Surtout
quand on est énervé !

Un câlin…

parce qu'on est fatigué.

Un câlin…

parce que c'est bien.